AF263083

PROJET

D'UNE EXPÉDITION FRANCAISE

DANS L'AFRIQUE CENTRALE.

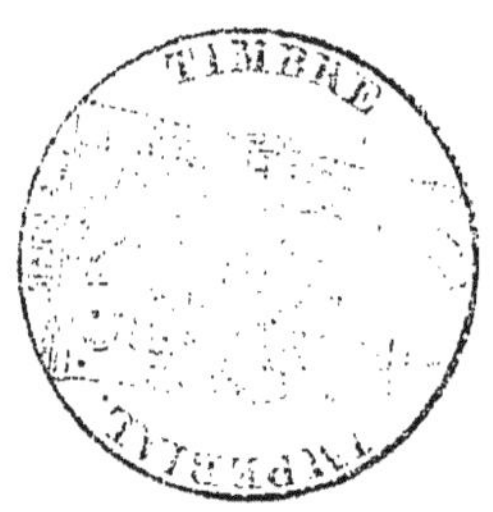

Paris. — Imprimerie de Pommeret et Moreau, 17, quai des Augustins.

PROJET

D'UNE

EXPÉDITION FRANÇAISE

DANS L'AFRIQUE CENTRALE.

PAR M. P. MADINIER,

Membre de la Société orientale.

PARIS,

JUST ROUVIER, LIBRAIRE,

Éditeur de la Revue de l'Orient, de l'Algérie et des Colonies,

20, RUE DE L'ÉCOLE-DE-MÉDECINE.

MAISONNEUVE ET Cⁱᵉ,
Libraires-Éditeurs,
QUAI VOLTAIRE, 15.

LEDOYEN,
Libraire-Éditeur,
PALAIS-ROYAL, GALERIE D'ORLÉANS, 31.

1856

PROJET
D'UNE EXPÉDITION FRANÇAISE
DANS L'AFRIQUE CENTRALE.

I. — L'Afrique, par sa configuration, par ses côtes peu découpées qui ne permettent aucun accès dans son intérieur, est restée longtemps tout à fait en dehors du progrès général et complétement isolée du monde entier par ses déserts et la barbarie de ses habitants; ce que nous en savons aujourd'hui n'a été pour ainsi dire arraché qu'après des peines et des sacrifices inouïs.

En consultant les anciennes relations que l'on s'efforce maintenant de remettre au jour, on reconnaît que la description de ce continent de notre monde a peu progressé depuis le temps d'El-Edrisi, d'Aboul-Feda, d'Ibn-Bathoutah, d'Ibn-Khaldoun et de Léon l'Africain ; on peut même dire que sur cette partie de l'Afrique s'étendant au nord de l'é-quateur, les géographes arabes du moyen-âge possédaient des faits beaucoup plus précis que ceux que nous avions il y a cinquante ans.

Depuis, notre époque, dévorée d'une soif insatiable de découvertes en toutes choses, n'a eu garde de reléguer les questions géographi-ques, et, grâce au dévouement des martyrs de la science, elle a pu dé-velopper d'une manière satisfaisante le cercle de ses connaissances.

Néanmoins , il reste beaucoup à faire, et l'exposé de la géographie de l'Afrique est encore une œuvre impossible ; on ne peut même pas en tracer les grands caractères, attendu que les parties centrales, qui sont la base des systèmes orographiques et hydrographiques d'une contrée, ne sont que très-imparfaitement connues. Cette grande région, par exemple, qui règne de la Hottentotie jusqu'au-delà de l'équateur, est complétement inexplorée, si l'on excepte le cours supérieur des bas-sins du Zaïre, du Couanza et du Zambezé. Le Soudan et le Sahara, ces vastes territoires de l'Afrique septentrionale, malgré les travaux des expéditions Clapperton et Richardson, présentent aussi des lacunes im-menses qui disparaîtront bientôt, il faut l'espérer, si l'attention publique qui est portée en ce moment vers ces contrées ne s'en détourne pas subitement. En dehors des pays que nous venons de citer, il en est encore bien d'autres de ce continent qui attendent leur exploration, et la Guinée, le Congo, la Cimbébasie, le Monomotapa, le Mozambique, le Zanguebar offrent de curieuses et savantes récoltes qui pourront tenter quelque jour les hardis voyageurs brûlant d'attacher leurs noms aux découvertes géographiques.

Alors que nous exposons un tableau très-succinct de l'état des reconnaissances africaines, qu'il nous soit permis d'adresser quelques regrets à la mémoire de ces hommes intrépides qui ont payé de leur vie la gloire de soulever un peu le voile de l'inconnu. Hommage à vous, immortels voyageurs, qui avez trouvé la mort au milieu des déserts de l'Afrique, parmi des populations sauvages et cruelles; un jour viendra où la civilisation, pénétrant parmi les contrées que vos fatigues et vos maux nous ont fait connaître, réveillera votre souvenir parmi leurs habitants, et transmettra votre nom dans l'histoire comme le pionnier de leur régénération.

Quelle abnégation, quel amour de la science faut-il avoir pour quitter sa patrie, sa famille, et s'en aller à travers mille peines, mille dangers, exposé à des climats redoutables, toujours aux dépens de la santé, sinon de l'existence, chercher de nouvelles conjectures à l'esprit humain, satisfaire cette nécessité innée chez nous de toujours marcher en avant!

Heureux encore celui qui a perdu la vie, mais en atteignant le but qu'il s'était proposé, près de celui qui souvent au début périt misérablement assassiné ou victime d'un climat malsain. Bien que quelquefois avec autant de mérite, leur part est bien différente : l'un s'est acquis une juste renommée, l'autre n'a gagné que l'oubli.

C'est en réfléchissant sur ce sujet digne de prendre plus d'extension, en pensant aux vies utiles que l'on expose en vain par des projets insensés, que l'on arrivera à modifier certainement l'organisation et la marche des expéditions destinées à parcourir des pays où les plus grands obstacles se rencontrent à chaque pas.

La portion de l'Afrique qui nous intéresse plus particulièrement, à cause des grands intérêts que nous y possédons, est celle du nord-ouest, c'est-à-dire la région comprise entre la Sénégambie et les États Barbaresques. Par la possession de l'Algérie, par nos établissements du Sénégal, la France réunit des avantages de la plus haute importance qui doivent lui y donner une grande prépondérance, et il est très-probable que si l'Angleterre, qui fait tant de sacrifices pour les explorations africaines, se trouvait dans les mêmes conditions, elle ne négligerait pas l'occasion de nouer des relations commerciales avec le Sahara et le Soudan.

Le Tombouctou, le Haoussa, le Bambarra, le Bornou, etc., royaumes considérables du Soudan, recèlent en abondance les plus riches produits, et leur population, plus nombreuse que dans beaucoup de parties de l'Afrique, est aussi très-industrieuse. L'or, l'ivoire, les cornes de rhinocéros, les plumes d'autruche, la civette, la cire, le séné, le tamarin, l'indigo, le sésame, le coton et un grand nombre d'autres matières propres à la médecine, à la parfumerie, à la teinture, etc., qui y sont à très-bon marché, offriraient au commerce européen des échanges considérables et d'un très-grand profit pour ceux qui s'y livreraient.

Le prix de revient de la marchandise dans les opérations du commerce africain dépend non seulement de son prix d'achat, de la longueur du transport, mais encore du plus ou moins de risques à courir ; ce qui est une considération principale. Ces risques, qui consistent dans la chance d'être dépouillé par les Touareg et dans les événements naturels, tels que le manque d'eau, ces ouragans qui ensevelissent quelquefois des caravanes, pourraient diminuer de beaucoup lorsqu'une autorité plus ferme et plus prévoyante que celle des États et des populations nomades du centre africain, exerçant sa surveillance sur les routes du désert, bannirait à jamais la rapine, et par la création et l'entretien des puits diminuerait les sinistres naturels.

Mais, quelque profitables que puissent être les résultats de semblables mesures, nous ne devons croire à la possibilité de leur mise immédiate en exécution ; il s'agit de bien connaître le terrain avant de s'y aventurer et d'y répandre les germes qui, plus ou moins bien soignés, prépareront plus ou moins vite ces pays aux avantages d'une nouvelle civilisation.

Nous allons passer maintenant à l'étude des entreprises de découvertes dans l'intérieur de l'Afrique, et voir comment on pourrait amoindrir les difficultés qui en sont inséparables.

II. — Traverser des populations livrées au fanatisme de la barbarie, et dont on diffère par la religion, la couleur de la peau, par le langage ; voyager à travers des contrées où l'on éprouve des peines de toutes sortes, n'est pas une petite affaire pour laquelle il importe peu de prendre telle ou telle détermination dans le mode de son expédition. Il faut au contraire apporter la plus grande perspicacité, et modifier son plan selon les circonstances. C'est en se conformant à ces principes que les grands voyageurs ont surmonté les plus grands obstacles et sont arrivés là où bien d'autres moins sages auraient échoué.

Dans les déserts de l'Afrique, la seule manière possible de voyager se trouve dans les caravanes, composées d'éléments hétérogènes qui, réunissant leurs forces et leurs resssources, offrent évidemment le plus de sécurité, et, par contre, sont la seule voie que l'on puisse prendre pour traverser ces régions. Lorsqu'une expédition est d'une assez grande importance pour se protéger elle-même, elle peut alors former une caravane indépendante, qui, accompagnée de bons guides et dirigée avec sagesse, remplira parfaitement les conditions nécessaires pour arriver à bon port ; cependant, dans le cas où les voyageurs sont en petit nombre, deux ou trois seulement, n'ont ni suite, ni nombreux bagages, il est préférable de s'adjoindre aux grandes artères commerciales qui sillonnent la Nigritie et font affluer de tous côtés les produits indispensables à l'existence et au comfort de l'homme. Ce dernier mode est peut-être plus avantageux lorsque l'on craint d'être inquiété ; c'est alors que le déguisement porté adroitement est d'un grand secours, mais il faut, pour le bien remplir, avoir fait une étude approfondie du caractère du costume dont on veut couvrir sa nationalité, et faire preuve de beaucoup de tact et de sang-froid ; si l'on ne possède pas ces qualités, il vaut mieux n'y pas avoir recours, c'est moins dangereux.

Citons comme exemple Réné Caillé, qui seul, sans ressources, mais protégé par le travestissement musulman, a pu atteindre la fameuse ville de Tombouctou, et faire un voyage que les Mungo-Park, les Laing n'avaient pu accomplir.

Une observation remarquable que l'on pourra faire très-souvent pour peu que l'on s'occupe des expéditions de découvertes en Afrique et même en général dans quelque continent que ce soit, ce sont les plans prodigieux et bien faits pour frapper l'imagination la plus rebelle que se proposent les voyageurs eux-mêmes ; nous ne pouvons dire si c'est pour donner plus d'importance à leur entreprise et obtenir ainsi des moyens d'exécution plus grands, ou s'ils sont aveuglés à tel point qu'ils soient parfaitement convaincus de ce qu'ils avancent ; toutefois, il en est peu qui soient arrivés à exécuter de pareils projets, et la traversée de la Barbarie au cap de Bonne-Espérance ou du Sénégal à l'Abyssinie est encore à faire. Il est prouvé comme certain qu'un parcours aussi immense exige plusieurs années de voyage ; or est-il un homme qui puisse braver aussi longtemps des fatigues immenses et exposé à périr journellement ? Évidemment non, et un pareil plan est chimère et sacrifie inutilement des existences qui, mieux dirigées, donneraient des résultats bien autrement utiles.

L'expérience, le seul guide infaillible que nous ayons, ne nous montre-t-elle pas aussi que là où les difficultés s'accumulent, on ne doit progresser que lentement, et n'avancer, en quelque sorte, que lorsqu'on a fortifié ses derrières, afin de trouver un refuge pour l'insuccès ? On peut trouver ce système plus long, mais, au total, on obtient une connaissance plus approfondie de la contrée, et on procède plus sûrement.

Pour la partie de l'Afrique dont nous nous occupons, une expédition entreprise sur une large base y est maintenant possible, nous le répétons, grâce aux dernières explorations anglaises, grâce encore à notre conquête de l'Algérie, à nos progrès dans la Sénégambie, qui y ont fait pénétrer le nom et la puissance de l'Europe. Nous n'en reconnaissons d'autres preuves que la visite encore récente des Touaregs à Alger. Les journaux ont annoncé dernièrement leur départ et celui de plusieurs Français qui vont les accompagner dans leur pays, afin de vérifier des faits géographiques sur lesquels on a quelque doute.

Fidèle aux considérations que nous avons exposées, nous allons envisager, sous deux faces distinctes, le mode d'action d'une expédition française en Afrique : 1° sous le rapport de la reconnaissance du pays, 2° sous le rapport de faciliter, pour un temps prochain, les relations commerciales.

III. — Un mot, avant d'entamer la question, sur les connaissances et les aptitudes nécessaires à un voyageur. Celui qui, seul, doit parcourir un pays, et qui s'est imposé la tâche de le décrire, est appelé à faire preuve de beaucoup de science, s'il veut faire une œuvre pleine d'intérêt. Quoique les notions encyclopédiques soient assez répandues, il est cependant rare de rencontrer des hommes profondément instruits à la fois dans les sciences naturelles, mathématiques et d'applications, doués en même temps d'un esprit remarquable d'observation, grande qualité pour un voyageur, et réunissant les avantages physiques qui leur permettent d'affronter de grandes fatigues. C'est à ces hommes seuls qu'il appartient d'accomplir de ces travaux qui font loi et restent comme modèles, à prendre place à côté des Humboldt, des Burckhardt, des d'Orbigny, des de Saint-Hilaire, des Martius, des Gay, etc.

Une exploration étant entreprise sous forme d'expédition, il faut que chaque division de la science y soit représentée par un membre uniquement chargé de recueillir des faits concernant sa spécialité. Il y a alors moins d'ensemble, il est vrai, mais on peut ainsi récolter plus de matériaux, par la raison toute simple que l'on est plus à observer. Ces associations de savants, organisées pour les découvertes géographiques et autres, existaient déjà depuis Cook, pour les voyages de circumnavigation ; cependant elles ne furent adoptées, pour les explorations terrestres, que dans le commencement de notre siècle ; depuis, les magnifiques résultats qu'elles ont amenés s'étant manifestés plus vivement, ces sortes d'expéditions sont maintenant considérées comme les seules possibles, du moment où l'on se propose de faire la reconnaissance complète d'une contrée.

Mais revenons à notre sujet: En présence des efforts tentés par l'Angleterre pour l'exploration de l'Afrique centrale, il ressort évidemment que la France, intéressée d'une manière intime par ses possessions à l'avenir de cette région, ne doit pas rester plus longtemps à considérer ces beaux travaux, sans y prendre la part que son autorité dans la science, le dévouement de ses voyageurs, l'appellent à conquérir. Nous appuyant sur cette nécessité, et pénétré de l'évidence du moment, nous devons nous efforcer à amener les deux puissantes nations alliées à se partager la gloire pacifique des découvertes, comme les murs de Sévastopol les ont vues se partager la gloire des combats.

Ainsi que nous l'avons énoncé précédemment, une expédition française doit prendre pour base de ses opérations, à la fois, les intérêts géographiques et commerciaux, et, se conformant entièrement à ces données, chercher par toutes les occasions à répandre l'influence française parmi les contrées qu'elle traversera.

Pour mieux faire comprendre ce plan, rappelons un peu comment l'Angleterre, si habile dans les Indes, augmente presque de jour en jour son territoire déjà si vaste. Pour arriver à ces fins, elle se sert d'un intermédiaire, envoyé ou consul, comme on voudra l'appeler, qui, résidant auprès du souverain ou du radjah indien, habitue peu à peu les populations à l'autorité britannique, les amène à consommer les produits manufacturés de la Grande-Bretagne, et, le temps aidant, les fait tomber complétement dans la dépendance ; quant au roi, on lui accorde une pension qui lui permet d'oublier dans les plaisirs son éclat passé. Bien que la France n'ait jamais cherché, avec la même passion, d'étendre sa domination, nous croyons fortement que suivre ce genre de diplomatie, dans ce qu'il a d'avantageux, ne peut aucunement nous nuire. Et, que l'on ne suppose pas qu'une arrière-pensée de voir un jour notre drapeau flotter jusqu'aux rives du Niger nous fasse avancer ce système aussi opiniâtrément ; non, à ce sujet, l'avenir en décidera mieux que nous ; mais les résultats que nous désirons, nous les appelons au nom de l'humanité, au nom du grand rôle qu'a toujours eu notre pays, alors que de grandes et nobles questions ont été mises en jeu.

La route de l'Algérie à Tombouctou présente plusieurs points où le séjour prolongé d'un agent serait de quelque utilité et donnerait lieu à un grand nombre d'observations.

Nous allons les passer en revue le plus brièvement possible. Le premier est le Touât[1], réunion de petites oasis qui forment un des centres les plus importants du Sahara, par l'industrie de ses habitants et par le développement de ses échanges ; les deux villes principales sont Aïn-el-Ssalah et Aghably. Nous avons ensuite trois oasis plus ou moins considérables, ce sont Teligh, Mabrouk et El-Arouan. Bir-Teligh, situé à sept journées de El-Arouan, ou à environ douze journées de Tombouctou, sur la voie de cette ville au Tafilelt, est remarquable par les mines de sel de *Taoudyny*, qui se trouvent à quelque distance à l'ouest, et dont les produits sont exportés dans presque tout le bassin du Niger ; c'est aussi à Bir-Teligh que passent les caravanes venant de Ouady-Noun. Au total, ce point ne mérite pas une grande attention, et un séjour prolongé y serait très-difficile.

Mabrouk, village (dacherah), est situé sur la route du Touât à Tombouctou ; un voyageur, dont l'époque de la relation est inconnue, parle de cette oasis comme une cité commerçante, riche et abondamment pourvue de blé, de riz et d'arbres fruitiers. Le district est d'une fertilité prodigieuse, et le coton, dit-il, aussi bien que les légumes poussent sans culture. Bien que les modernes ne donnent pas une description aussi flatteuse de Mabrouk, on peut cependant conclure que cette position peut parfaitement convenir comme station intermédiaire entre les deux centres ci-dessus.

El-Arouan, petite ville qui compte environ 500 maisons, se trouve à 5 journées de Tombouctou ; c'est l'entrepôt des salines de Taoudyny, dont nous avons parlé plus haut, et le point de réunion des caravanes qui viennent du Tafilelt, du cap Mogador, du Drah, du Taouât, des villes de Gahdamès et de Tripoli, et par conséquent un point de quel-que importance, en dépit de son manque de végétation et de son triste séjour.

Enfin Tombouctou est assez connue, pour que nous nous dispensions d'en établir la prépondérance sur ses sœurs, les cités africaines du Sahara.

Voici, d'après les renseignements fournis par le capitaine Seroka à M. Cherbonneau de Constantine, comment se divise la route d'Aghably, pointe sud du Touat, à Mabrouk.

D'Aghably à Ghaba ou Ghrabah, de Ghaba à Tintnaïa, de Tintnaïa à Hartki, de Hartki à Mequirden, deux étapes non désignées, puis Ouellen ; total d'Aghably (ou Akabli) à Ouellen ou Ouallène, sept journées.

[1] Le Touat comprend 360 villes ou villages, il s'étend sur une longueur de 100 lieues sur 25 de large.

D'Ouellen à l'Oued-Mendamma, il y a trois journées de marche ; de ce dernier point à l'Oum-Ghennâne (ou Bir-Emg'hanân), on arrive en quatre journées. Dans le cours de cette étape, de l'Oued-Mendamma à l'Oum-Ghennâne, il règne un plateau pierreux : c'est la montagne dite de Tanezrouft, qui donne son nom au territoire ; d'Oum-Ghennâne à Mabrouk, on compte cinq journées. Abd'-el-Kader-Ben-Abou-Bekr et Touaty donne le détail suivant de son itinéraire : De Byr-Emghânan, après quatre jours de marche, on rencontre un puits connu sous le nom de Bir-Tantynah ; vient ensuite le pays des Touareg, qui s'étend à gauche l'espace d'environ quatre journées de marche ; enfin on arrive après ce temps à Mabrouk.

Cette distance de Touât à Mabrouk a été évaluée très-diversement ; d'après les renseignements ci-dessus, elle serait de dix-neuf journées ou 228 lieues, comme sur la carte de Brué ; Richardson marque seize journées, soit 192 lieues ; Prax et Renou indiquent 200 lieues, et M. Jomard, dans le voyage de Caillé, ne l'évalue qu'à 180. D'après Abd'-el-Kader-Ben-Abou-Bekr, elle serait beaucoup plus considérable, puisqu'il l'indique comme pouvant être parcourue en vingt-cinq journées.

De Mabrouk à Tombouctou, il y a dix journées, ce qui nous donne, comme distance moyenne du Touât à Tombouctou, le nombre de vingt-neuf journées. Ces évaluations sont loin de pouvoir être acceptées comme positives ; car la journée de marche, unité générale dans toute l'Afrique, est sujette à un grand nombre d'erreurs qui rendent très-difficile l'appréciation des itinéraires.

Connaissant la route que devront prendre nos voyageurs, nous pouvons maintenant entreprendre de donner un aperçu de leurs opérations futures. L'expédition, composée de trois ou quatre membres, auxquels seraient joints plusieurs domestiques arabes, serait munie de tous les instruments nécessaires, de toutes les instructions et recommandations possibles pouvant leur aplanir les difficultés. A propos d'instruments, nous pensons qu'un bateau, composé de pièces différentes, faciles à remonter, serait d'une grande utilité pour naviguer sur le Niger ; la question seulement est de savoir si les avantages qui en résulteraient compenseraient la dépense et les peines du transport.

L'expédition, ainsi organisée, se dirigerait vers le centre de l'Afrique, par la voie du Touât. Séjournant quelque temps dans cette oasis, elle en ferait une reconnaissance étendue, et, auparavant de poursuivre sa route, réunirait les chefs touaregs des environs, afin d'obtenir désormais un passage libre pour tous les sujets français, et cela, soit par les promesses, soit par l'intimidation ; puis, reprenant sa marche, accomplirait son voyage, en faisant le plus d'excursions à droite et à gauche. L'expédition, arrivée à Tombouctou, passerait quelque temps à l'étude de cette ville et de ses alentours, et pousserait vers l'Océan par Oualet et Tyschyt, en opérant son retour par Shingety et El-Arouan. Un nouveau séjour à Tombouctou servirait à se préparer aux prochaines tournées, et à recueillir, parmi les habitants, le plus de documents sur la géographie, les productions, le commerce, les mœurs, etc., de ces régions.

A cette période, elle se diviserait en deux corps, dont l'un aurait pour tâche de faire la reconnaissance du haut Niger, d'étudier les contrées de la Sénégambie supérieure et d'ouvrir des communications avec le fort de Bakel; tandis que l'autre irait explorer les pays au sud du lac de Tchad, et, pourvu de tous les renforts désirables, pourrait se livrer, durant une longue résidence, à des découvertes fort intéressantes pour la science. Son retour pourrait s'effectuer, soit par le Kordofan, l'Abyssinie et l'Égypte, soit en franchissant les montagnes de la Lune et parcourant la région inconnue qui s'étend au sud, et finir le voyage au Gabon. De ces deux tracés nous préférons le second, attendu son importance géographique, et enfin parce qu'il nous ferait mieux connaître les populations qui avoisinent notre colonie. D'ailleurs le premier parcours va d'ici peu être suivi par l'expédition à la recherche des sources du Nil, par conséquent il est inutile de faire double emploi alors que les ressources sont très-limitées.

L'itinéraire que nous présentons ne doit pas être pris à la lettre, on le pense bien ; les circonstances, l'expérience locale, doivent le modifier beaucoup ; mais la grande pensée, qui doit rester intacte, c'est celle de nous créer des débouchés et une influence notable parmi les populations du Sahara et du Soudan ; d'ouvrir des communications entre l'Algérie et la Sénégambie. Cette idée, nous la soutiendrons aussi haute et aussi grande que nous le pourrons, certain de réunir les suffrages de tous les hommes attachés aux intérêts de leur patrie.

Nous semblons avoir oublié le projet d'établir, dans les cités sahariennes, des agents chargés de représenter la France, de protéger nos nationaux, et, par l'étude approfondie du pays, de donner à nos industriels les moyens d'engager des relations commerciales, en un mot remplissant des fonctions analogues à celles de tous nos consuls à l'étranger. En vérité, nous n'avons certainement pas perdu de vue cette importante question, mais, comme nous ne pouvons la résoudre par nous-même, nous ne pouvons que constater son utilité. Nous espérons seulement que le gouvernement daignera prendre en considération une mesure qu'ont proposée déjà plusieurs personnages compétents.

Il est d'habitude générale en France de n'entreprendre une expédition comme celle qui nous occupe, qu'après avoir obtenu des administrations ministérielles des secours pécuniers qui permettent seuls d'accomplir de longs et pénibles voyages, toujours très-coûteux. Malheureusement les gouvernements ont bien des choses à écouter, et, s'il fallait satisfaire toutes les demandes, plus ou moins bien fondées, leurs finances s'épuiseraient promptement. Nous avons la ferme conviction que cet état de choses est profondément vicieux, et que là où l'on peut faire par l'encouragement public, on ne doit jamais s'adresser à l'État.

Quelles que soient les idées formées à cet égard, nous espérons suivre cette voie et arriver à la conclusion de notre projet, non sans peine évidemment, mais peu importe pourvu que l'œuvre se réalise.

En finissant ce travail, nous prions les sociétés qui, par leurs travaux, se trouvent intéressées à notre but, de vouloir bien nous prêter le concours de leurs lumières pour l'organisation de l'expédition et la guider à travers les immensités africaines.

FIN.

Paris. — Imprimerie de Pommeret et Moreau, 17, quai des Augustins.